Chiara Codato
Fabio Casati
Rita Cangiano

Ambarabà 2

Corso di lingua italiana per la scuola primaria

quaderno di lavoro **modulo 2**

Alma Edizioni
Firenze

Direzione editoriale: **Ciro Massimo Naddeo**
Coordinamento editoriale e redazione: **Sabrina Galasso**
Progetto grafico, impaginazione e copertina: **Sergio Segoloni** e **Manuela Conti**
Illustrazioni: **Daniela Mattei** e **Clara Grassi**

Coordinamento didattico: **Jolanda Caon**
Consulenza scientifica: **Graziella Pozzo** e **Rita Gelmi**
Coordinamento della sperimentazione: **Giselle Dondi** e **Anna Enrici**

Si ringraziano tutti i bambini coinvolti nella sperimentazione per il senso di responsabilità e la gioia con cui hanno partecipato al lavoro di revisione dell'opera e per il grande incoraggiamento fornito agli autori.

Si ringraziano gli sperimentatori Daniela Avancini, Cristina Baldi, Renata Benedetti, Anita Cava, Ivana Cavalet, Lorella Cum, Giselle Dondi, Anna Enrici, Simona Galeotti, Carmen Larentis, Gianluigi Leocane, Luigina Maccani, Pamela Marcaccio, Emanuela Martini, Alexia Modestino, Katia Oberosler, Alessia Pedrini, Giovanna Plancher, Antonella Scialpi e Giuliana Visintin per l'attento e prezioso contributo prestato.

Nota
Tutti gli autori hanno partecipato alla progettazione di ogni singola parte del libro. Fabio Casati ha curato in modo particolare il libro dell'alunno, Chiara Codato il quaderno di lavoro e Rita Cangiano la guida per l'insegnante.

Ambarabà è un progetto realizzato da **Alma Edizioni**
in collaborazione con l'**Istituto Pedagogico Tedesco di Bolzano**.

Pädagogisches Institut pi Istituto Pedagogico

Printed in Italy

ISBN 978-88-6182-068-5

Alma Edizioni
Viale dei Cadorna, 44
50129 Firenze
tel +39 055476644
fax +39 055473531
alma@almaedizioni.it
www.almaedizioni.it

Tutti in forma con Bidù

Segui le strade e leggi le parole. Colora ogni strada con un colore diverso. **1**

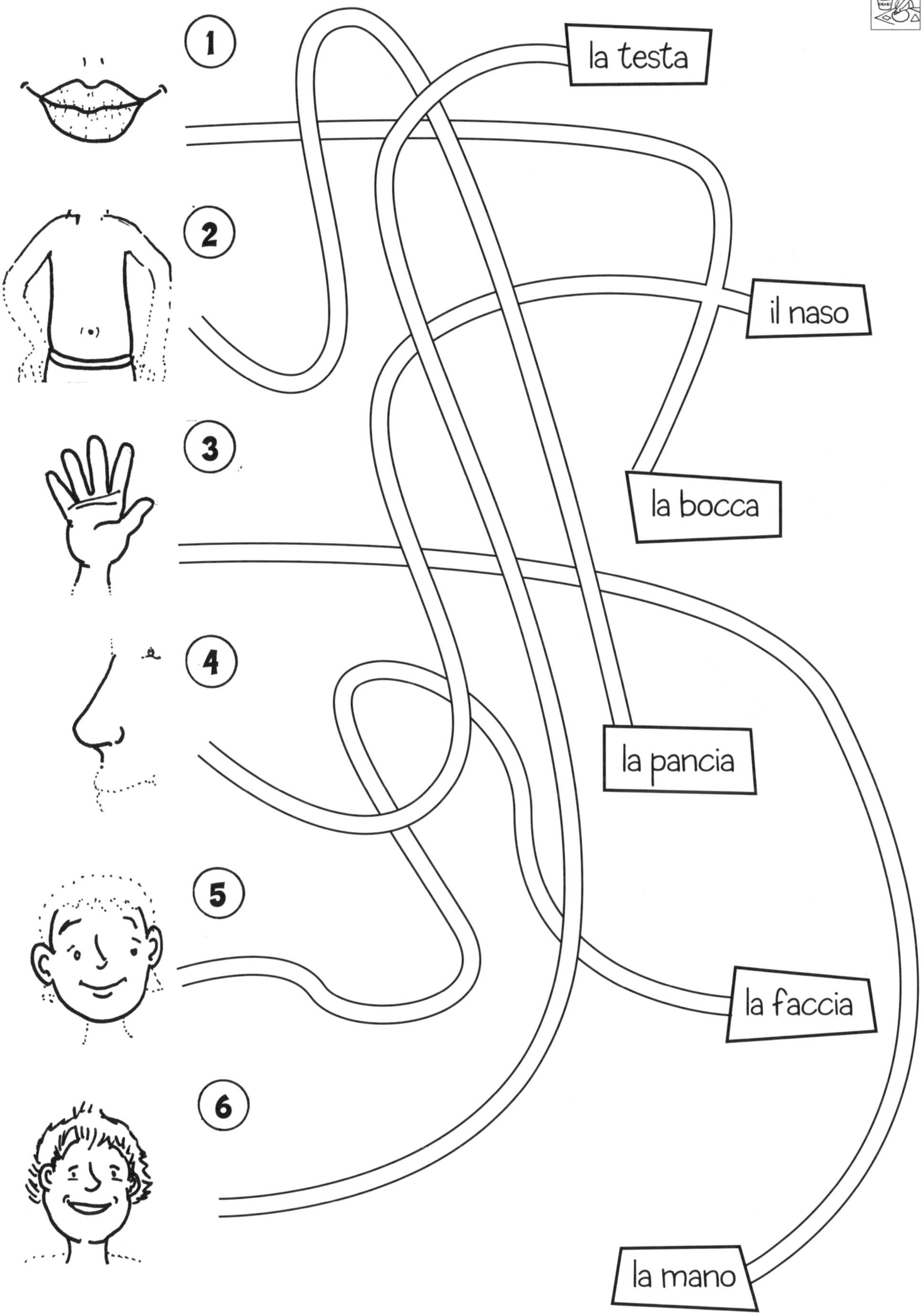

1 uno Unità

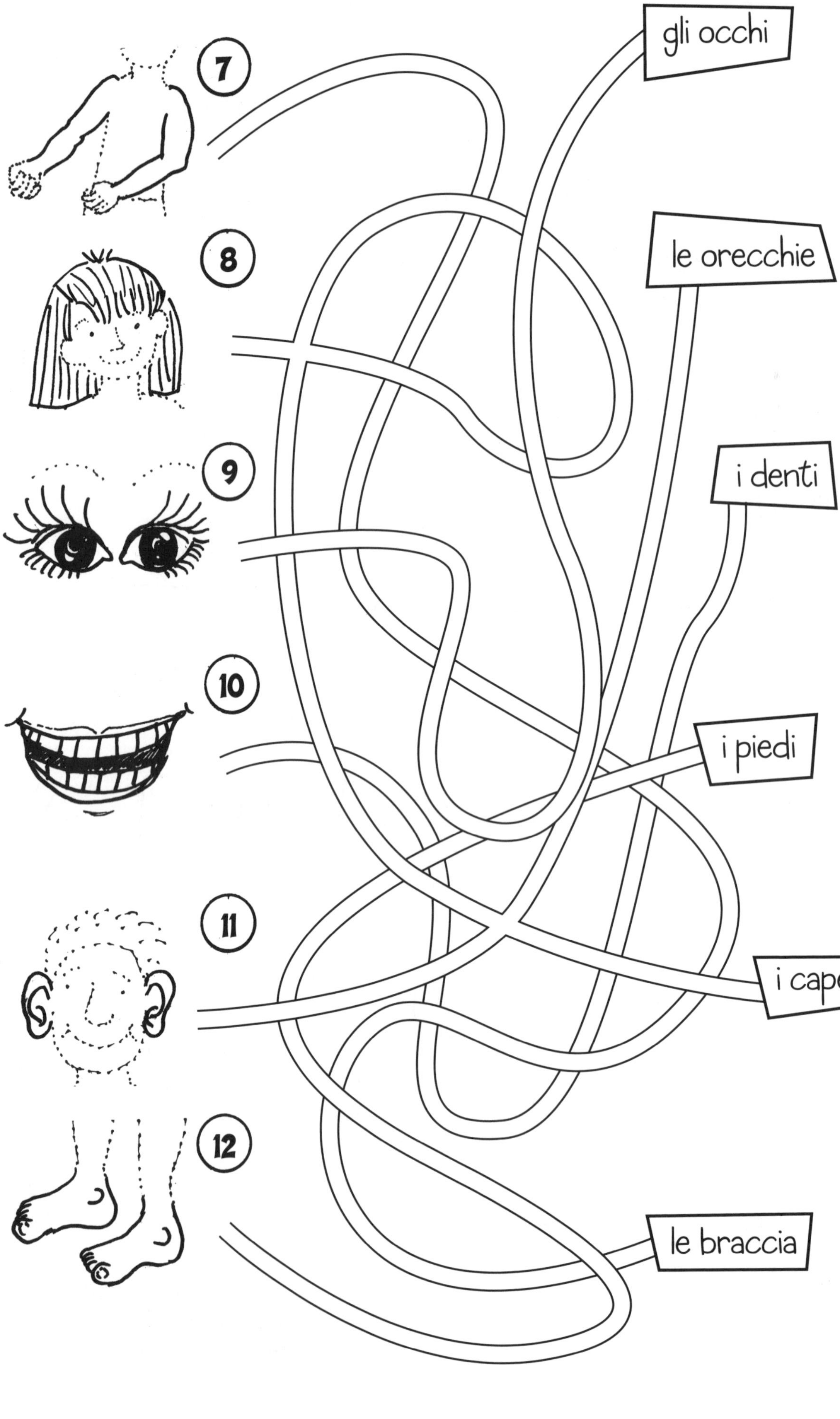
7
8
9
10
11
12
gli occhi
le orecchie
i denti
i piedi
i capelli
le braccia

Scrivi le parti del corpo al posto giusto. Aiutati con le lettere. **2**

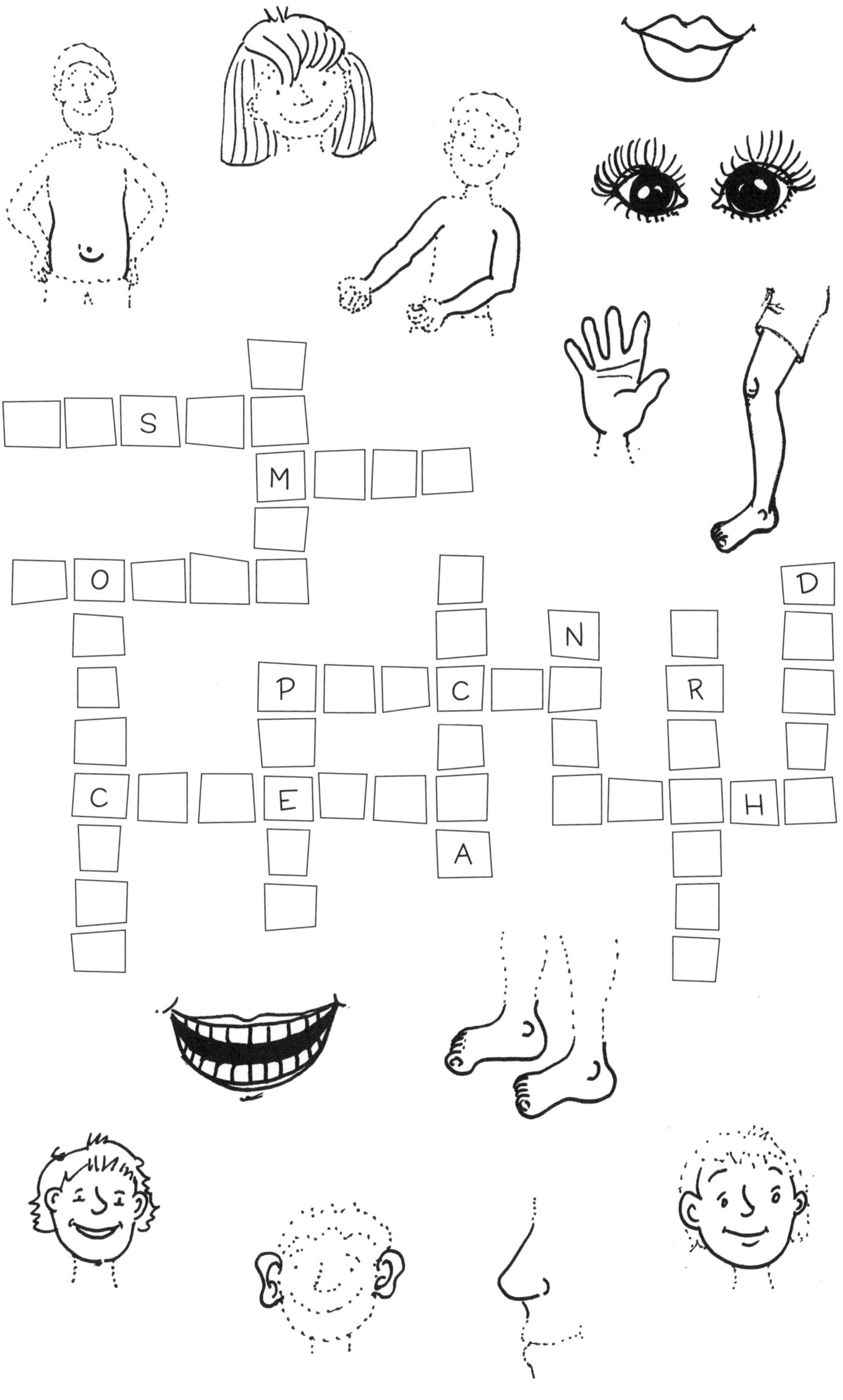

3 **Scrivi questi nomi nella colonna giusta.**

la gamba

la testa

gli occhi

le mani

la faccia

i piedi

i denti

la pancia

la mano

le braccia

i capelli

il dente

le orecchie

il naso

singolare = **1**	plurale = **2,3,4,...**
la gamba	*le mani*

2

In ogni casella ci sono due parole divise in sillabe. Componi le parole e disegna. 4

be ca
li pel gam

gambe
capelli

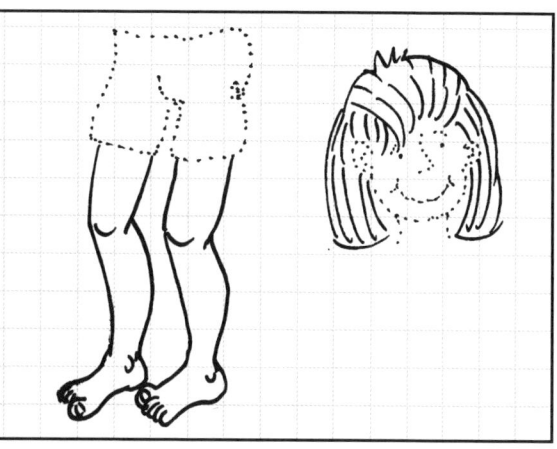

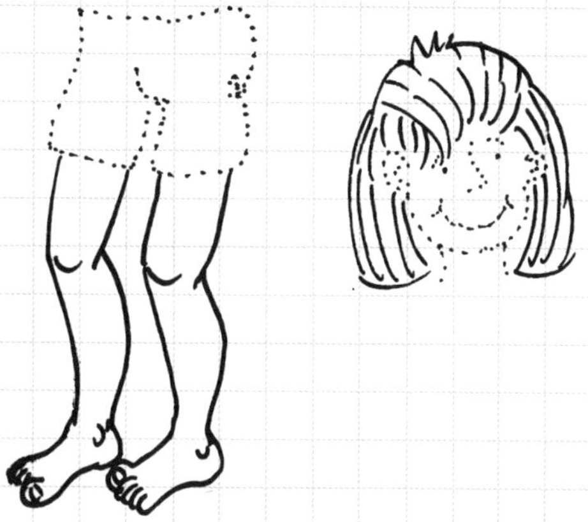

cia so
na fac

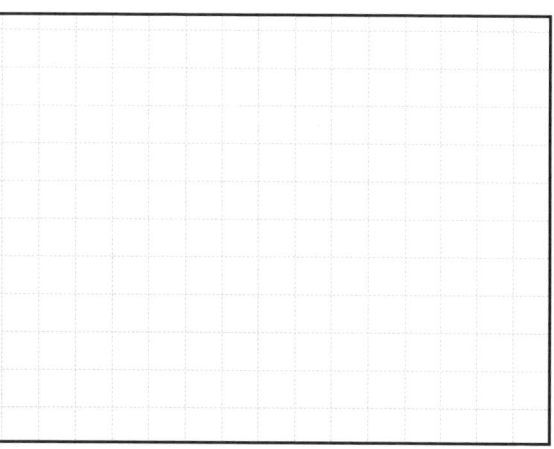

ca cia
pan boc

oc di
chi
pie

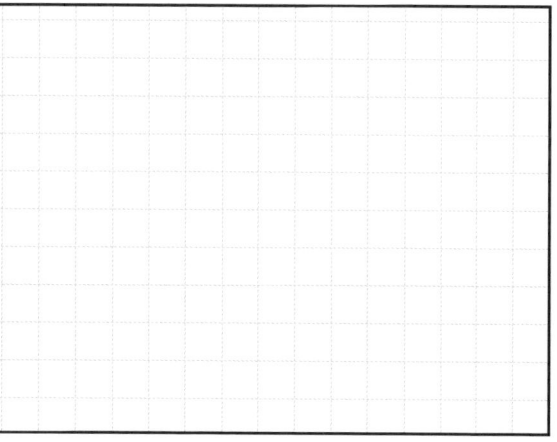

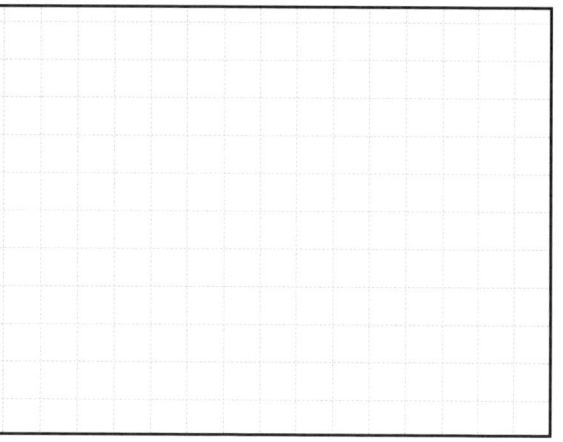

Unità 1 uno

5 Guarda il mostro e fa' una crocetta sulla risposta giusta.

1 Il mostro è
- grasso
- magro

2 Il mostro è
- alto
- basso

3 Il mostro è
- allegro
- triste

4 Il mostro ha
- due braccia
- quattro braccia

5 Il mostro ha
- cinque orecchie
- tre orecchie

6 Il mostro ha
- sei gambe
- otto gambe

7 Il mostro ha
- una bocca
- due bocche

8 Il mostro ha
- un occhio
- quattro occhi

2 **Modulo** *due*

Prima leggi, poi disegna e colora il mostro. 6

Il mostro ha una grande faccia rossa, quattro piccole orecchie viola, un grande naso blu, tre occhi gialli, una grande bocca arancione e dieci capelli neri.

Usa il codice e scopri la frase segreta. 7

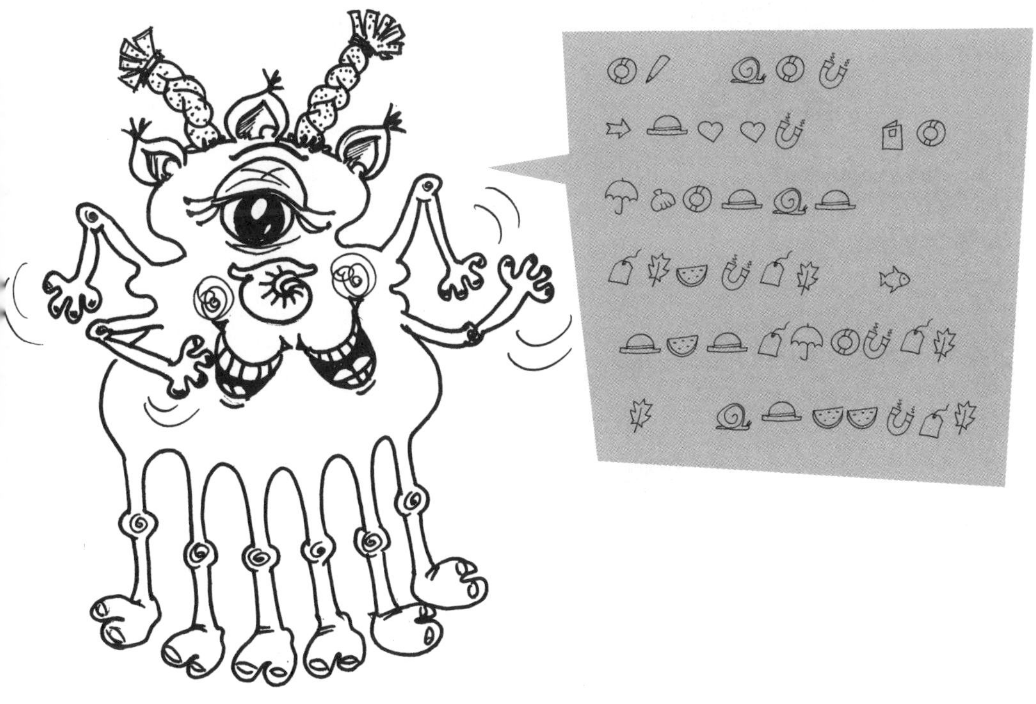

= a
= c
= h
= i
= o
= r
= !
= l
= m
= g
= t
= s
= n
= e
= è

__ ___ _____ __ ______ ______,

_ __________ _ ________.

1 uno Unità

8 **Completa la filastrocca.**

Uno è il  ________ una è la  ________,

due sono le  ________ e due sono le  ________.

Tre sono i  ________

nella  ________ del bambino,

quattro sono le  ________ del gattino.

Cinque sono le 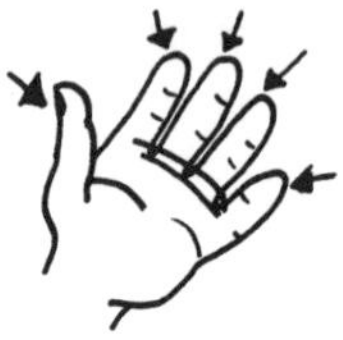 ________ di una mano,

sei sono le piume sulla  ________ dell'indiano.

Sette sono i  ________ del mostro Piedone,

otto sono i baffi  del gatto Nerone.

Nove sono i fiori nei lunghi  ________

e dieci sono le  ________

di 5 fratelli.

2 **Modulo** *due*

Guarda il disegno, leggi le frasi e scrivi il nome di chi le dice. **9**

Io ho i piedi sporchi. ____________

____________ Io ho gli occhi grandi.

Io ho le gambe lunghe. ____________

____________ Io ho i capelli corti.

Io ho la bocca piccola. ____________

____________ Io ho le mani pulite.

Io ho il naso piccolo. ____________

10 Guarda il disegno e rispondi alle domande.

Quanti occhi vedi?

____

Quanti piedi vedi?

____

Quante mani vedi?

____

Quanti nasi vedi?

____

Quante facce vedi?

____

Quante braccia vedi?

____

Fa' una crocetta vicino alla frase giusta. **11**

☒ Apri la bocca!

☐ Chiudi gli occhi!

☐ Apri gli occhi!

☐ Lavati le mani!

☐ Alza i piedi!

☐ Apri le orecchie!

☐ Alza la mano!

☐ Da' la mano al tuo compagno!

☐ Lavati i denti!

☐ Prendi il sapone!

☐ Lavati i piedi!

☐ Prendi il fazzoletto!

12 Guarda i disegni e scrivi i comandi della maestra al posto giusto.

Alza la mano! Chiudi un occhio!

Fa' un salto! Alza una gamba! Apri la bocca!

Leggi le frasi e scrivi il nome di ogni bambino.

Anna

Anna ha i capelli lunghi, gli occhi grandi e il naso piccolo.

Susi ha i capelli lunghi, la bocca grande e il naso piccolo.

Luca ha la faccia rotonda, gli occhi piccoli e le orecchie grandi.

Marco ha la faccia rotonda, gli occhi grandi e i capelli corti.

Ivano ha la faccia ovale, la bocca grande e il naso piccolo.

Leo ha la faccia ovale, gli occhi grandi e i capelli lunghi.

14 Leggi, guarda e scopri chi è Mirco.

Mirco ha 10 anni. È alto e magro. Ha la faccia lunga, magra e la bocca piccola. Ha i capelli corti e le gambe lunghe e magre. Porta gli occhiali.

15 Metti in ordine le frasi. Scrivi i numeri.

4	2	1	5	3
occhi	ha	Lisa	neri	gli

ha	gambe	le	Leo	lunghe

la	Silvia	magra	ha	faccia

capelli	i	corti	Mirco	ha

il	Claudia	naso	ha	piccolo

Rita	grande	ha	bocca	la

Leggi domande e risposte. Indovina chi parla. **16**

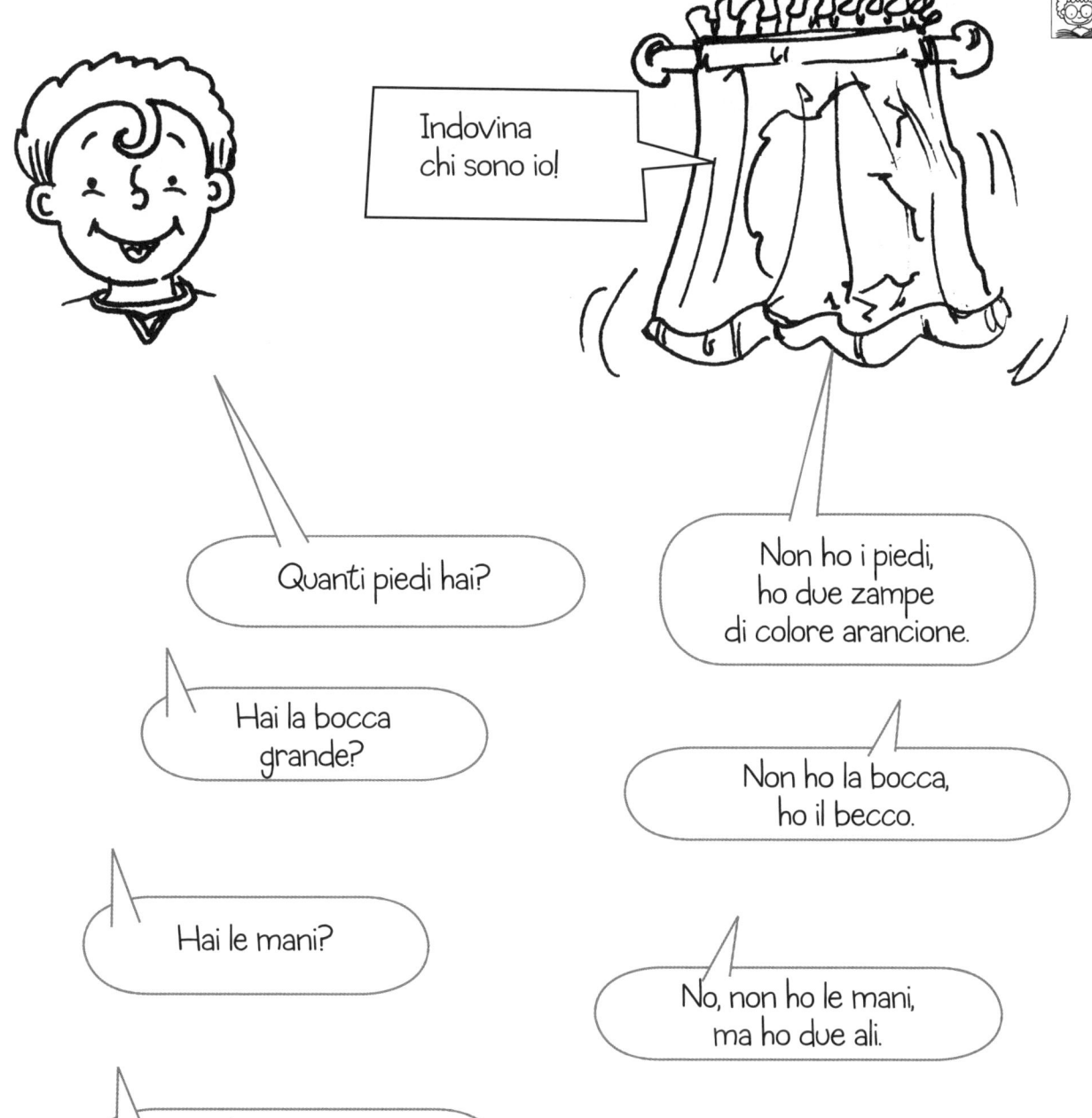

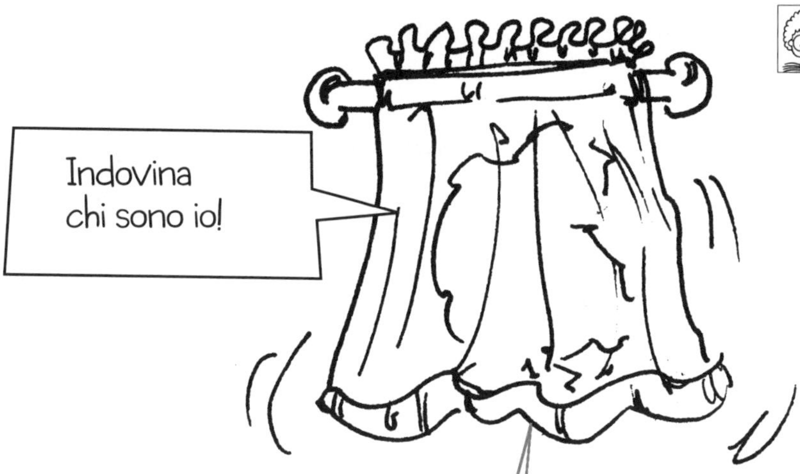

Quanti piedi hai?

Non ho i piedi, ho due zampe di colore arancione.

Hai la bocca grande?

Non ho la bocca, ho il becco.

Hai le mani?

No, non ho le mani, ma ho due ali.

Di che colore sono i tuoi capelli?

Non ho i capelli, ho le penne. Sono bianche.

Sei un'______ ?

Sì, giusto, sono un'____________ e mi chiamo Lola.

2

Modulo due

Che buono!

1 **Leggi e colora le parole, sono 16.**

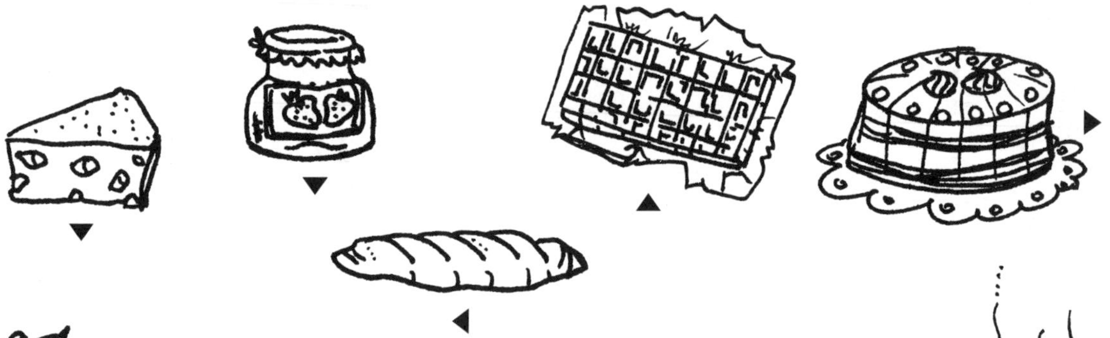

M	P	E	N	A	P	S	A	P
A	E	T	O	R	T	A	T	F
R	S	A	L	A	M	E	A	O
M	C	C	O	N	I	V	L	R
E	E	Q	A	C	G	H	O	M
L	S	U	M	I	E	A	C	A
L	U	A	E	A	R	Z	C	G
A	C	T	L	T	I	Z	O	G
T	C	T	A	A	S	I	I	I
A	O	O	L	L	O	P	C	O
I	N	S	A	L	A	T	A	I

2 **Scrivi le lettere che avanzano e leggi la parola nascosta.**

_ _ _ _ _ _ _ _ _ _

Colora con colori diversi tutte le cose che il serpente Slurp ha mangiato. **3**

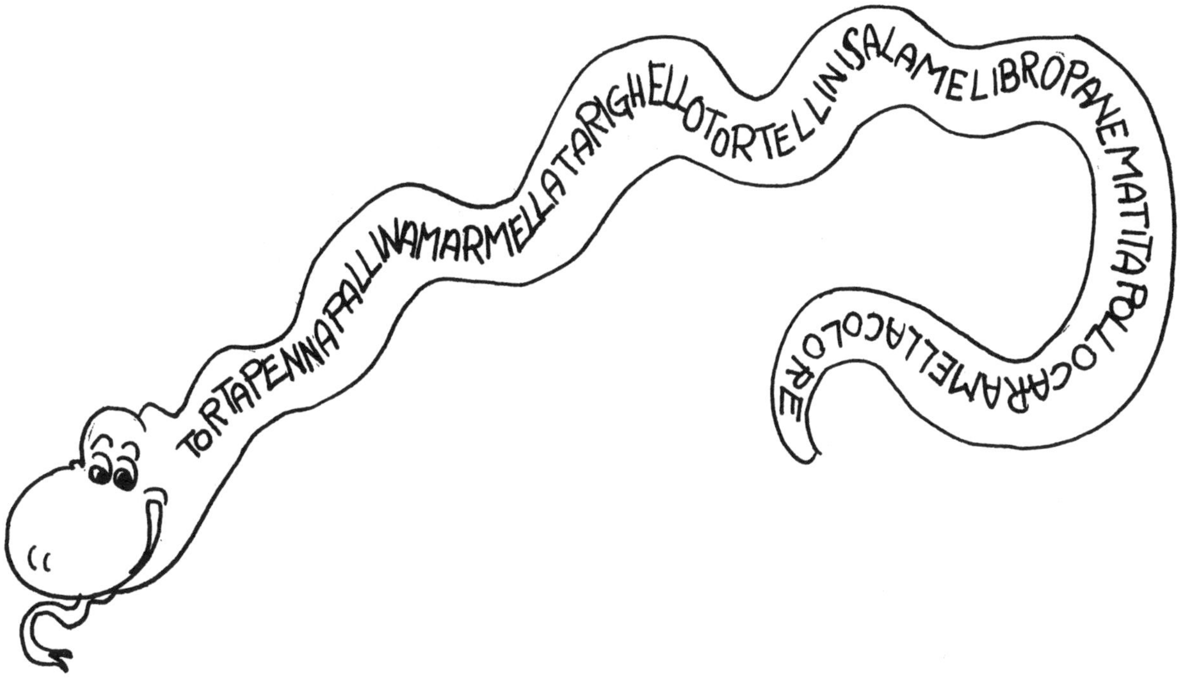

Il serpente Slurp ha mal di pancia, tu hai capito sicuramente perché.
Scrivi che cosa mangia ancora e che cosa non mangia più. **4**

Il serpente Slurp mangia ancora:	Il serpente Slurp non mangia più:
la torta	la penna

2 due Unità

5 **Scrivi il nome del cibo e copia nella casella ☐ la lettera che è nel cerchio ◯.**
Leggi che cosa dice il vecchio gufo.

M A R (M) E L L A T A → **M**

_ _ _ _ ◯ → ☐

_ ◯ _ _ _ _ _ _ → ☐

_ _ _ ◯ _ _ _ _ _ → ☐

_ ◯ _ _ _ _ _ _ _ _ → ☐

_ _ _ _ ◯ _ _ _ _ → ☐

◯ _ _ _ _ → ☐

_ _ _ _ _ _ _ ◯ _ _ → ☐

_ _ _ ◯ _ _ → ☐

_ _ ◯ _ → ☐

_ ◯ _ _ _ → ☐

2 **Modulo** *due*

Scrivi questi nomi al posto giusto. 6

~~pollo~~

tortellini

il - lo - la

pollo

funghi

mela

uovo

spaghetti

patatine

insalata

i - gli - le

zucchero

vino

pizza

pane

pesce

banane

7 Leggi la storia.

L
A E I O U sono cinque, non di più
sono piccole però
non sono brave, no, no, no!
Va' via!
Va' via!
Va' via!
No! Va' via tu!
Va' via tu!
A E I O U
L
Basta, basta, basta!
A, vieni qui! Dammi la mano!
LA incontra INSALATA.
A e I sono di nuovo vicine e litigano.
Va' via!
No, va' via tu!
A I
Ecco, adesso ho una lacrima.
Aiuto!!!
Evviva!
L'INSALATA.

Leggi e completa la storia. **8**

L: A E I O U sono cinque, non di più
sono piccole però
non sono brave, no, no, no!

Vá via!

Vá via!

Vá via!

No! Vá via tu!

Vá via tu!

L: Basta, basta, basta!
O, vieni qui! Dammi la mano!

LO incontra U ovo.

____ e ____ sono di nuovo vicine e litigano.

O U: _____, _____
_____ _____.

_____ _____!

O: Aiuto!!!

U: Evviva!

L'U ovo: _________ , _____________ ________
_______ _____________ .

2 due Unità

9 Collega con una freccia il bambino al cibo.

10 Rispondi a queste domande.

A te che cosa piace?

____

Che cosa non ti piace?

____

Ti piacciono le patatine?

____

Guarda i disegni e metti la crocetta nella casella giusta per te. **11**

mi piace		non mi piace
☒		☐
☐		☐
☐		☐
☐		☐

mi piacciono		non mi piacciono
☐		☐
☐		☐
☐		☐
☐		☐

Hai completato la tabella? Adesso scrivi le frasi. **12**

Mi piace la pizza.

2

Modulo *due*

13 Collega la domanda alla risposta, poi colora quello che ti piace mangiare.

- Ti piacciono i canederli?
- Ti piacciono le patatine fritte?
- Ti piace la pizza?
- Ti piace il pesce?
- Ti piace la pastasciutta?
- Ti piacciono i funghi?
- Ti piace il gelato?
- Ti piace la frutta?

- Sì, mi piacciono con il ketchup.
- Mi piacciono le mele e le banane.
- Sì, mi piace la Margherita.
- Sì, mi piace al cioccolato.
- Solo quelli al formaggio.
- No, non mi piace.
- No, non mi piacciono.
- Mi piacciono solo gli spaghetti al pomodoro.

Chi dice queste frasi? Scrivi il numero nei cerchietti. **14**

1
Lisa, per piacere, mi dai una caramella?

6
Mi dispiace, è finita!

2
Grazie, grazie mille!

7
No, grazie, il salame non mi piace.

3
Vuoi un panino con il salame?

8
Ti piacciono gli spaghetti?

4
Per piacere, mi dai la marmellata?

9
Ecco la caramella!

5
Sì, mi piacciono tantissimo!

10
Ecco la pizza!

2 due Unità

15 Leggi la storia.

È notte.  Il supermercato è chiuso.

Il serpente Slurp  gira intorno al supermercato, vede un piccolo buco e così entra.

Quante cose buone!!!

Slurp prende il 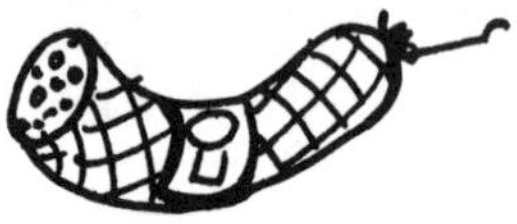 ... gnam gnam, che buono!

Slurp prende la 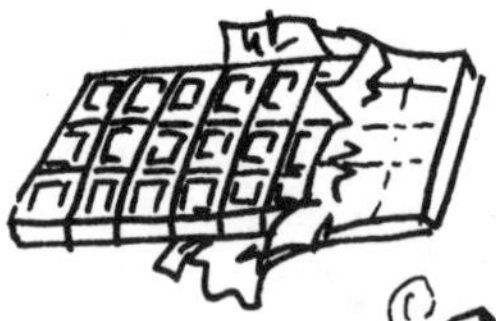 ... gnam gnam, che buona!

Slurp prende le  ... gnam gnam, che buone!

Slurp prende i  ... gnam gnam, che buoni!

Slurp prende anche gli  ... gnam gnam, che buoni!

Adesso la pancia di Slurp è grossa come una palla.

Slurp esce dal supermercato.

Sul prato c'è un piccolo topo. 

Il topo grida: 

Slurp guarda il topo e dice: 

2

Modulo *due*

Cosa mi metto?

Usa il codice e scopri le parole. 1

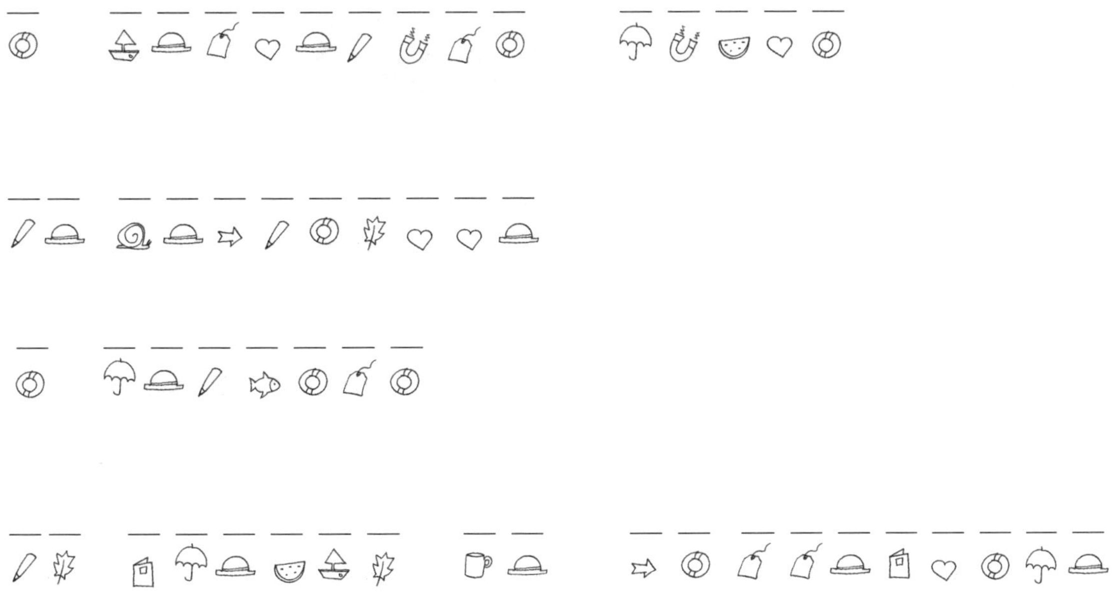

3
tre
Unità

2 Componi la parola e segui la pista.

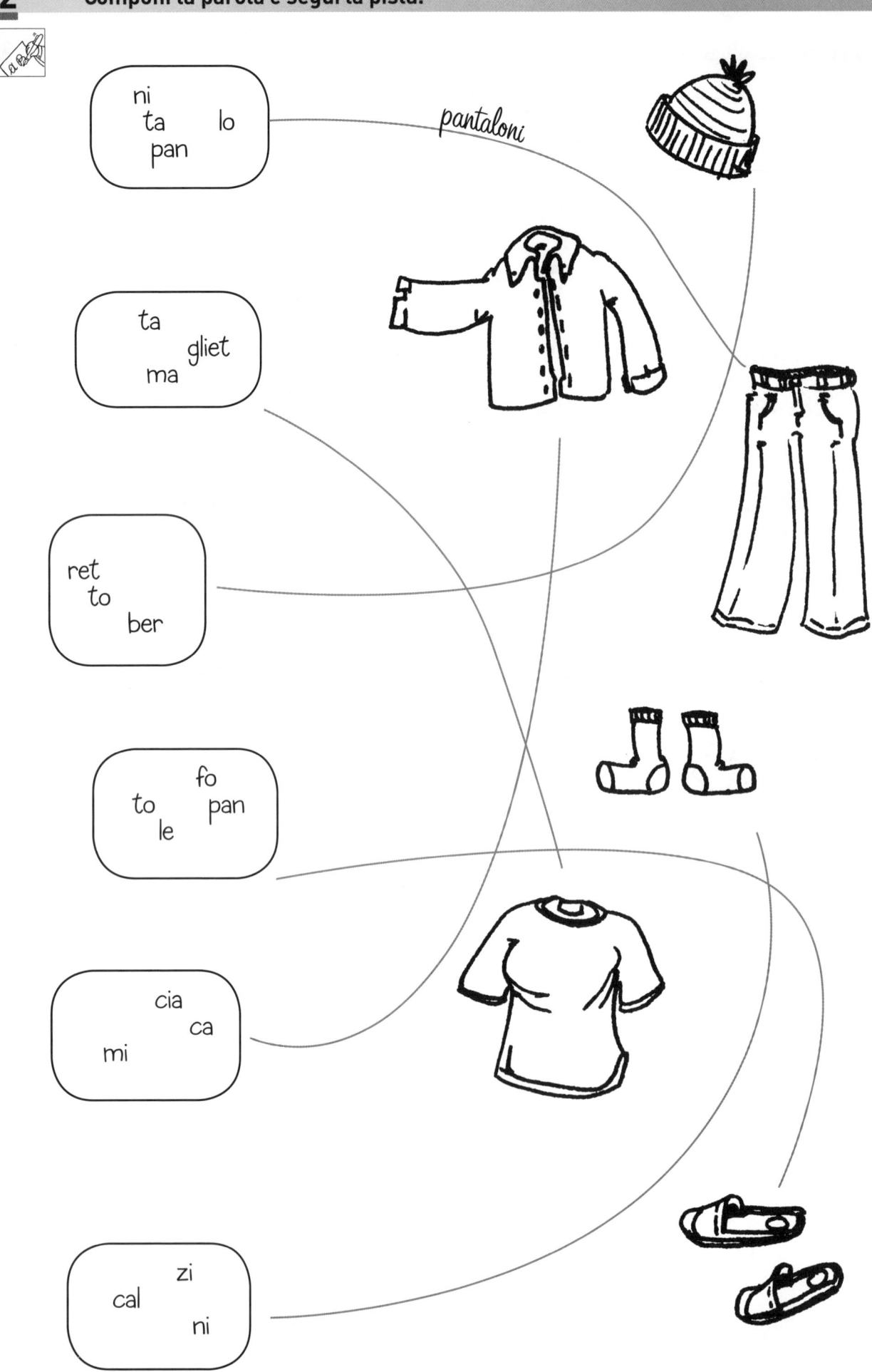

ni ta lo pan

pantaloni

ta gliet ma

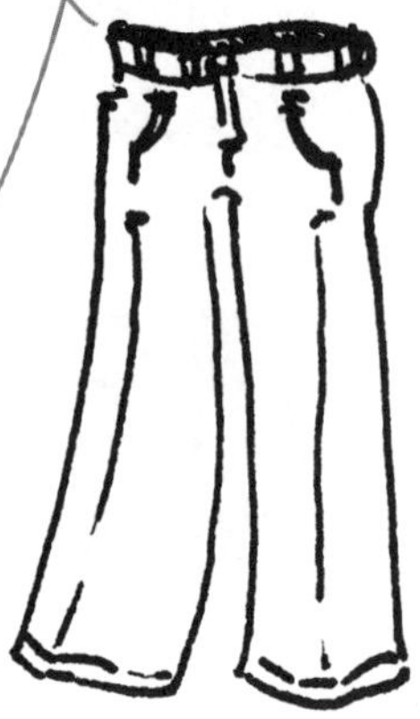

ret to ber

fo to pan le

cia ca mi

zi cal ni

tan
de
mu

ca
giac

da
san
li

pot
cap
to

gia
pi
ma

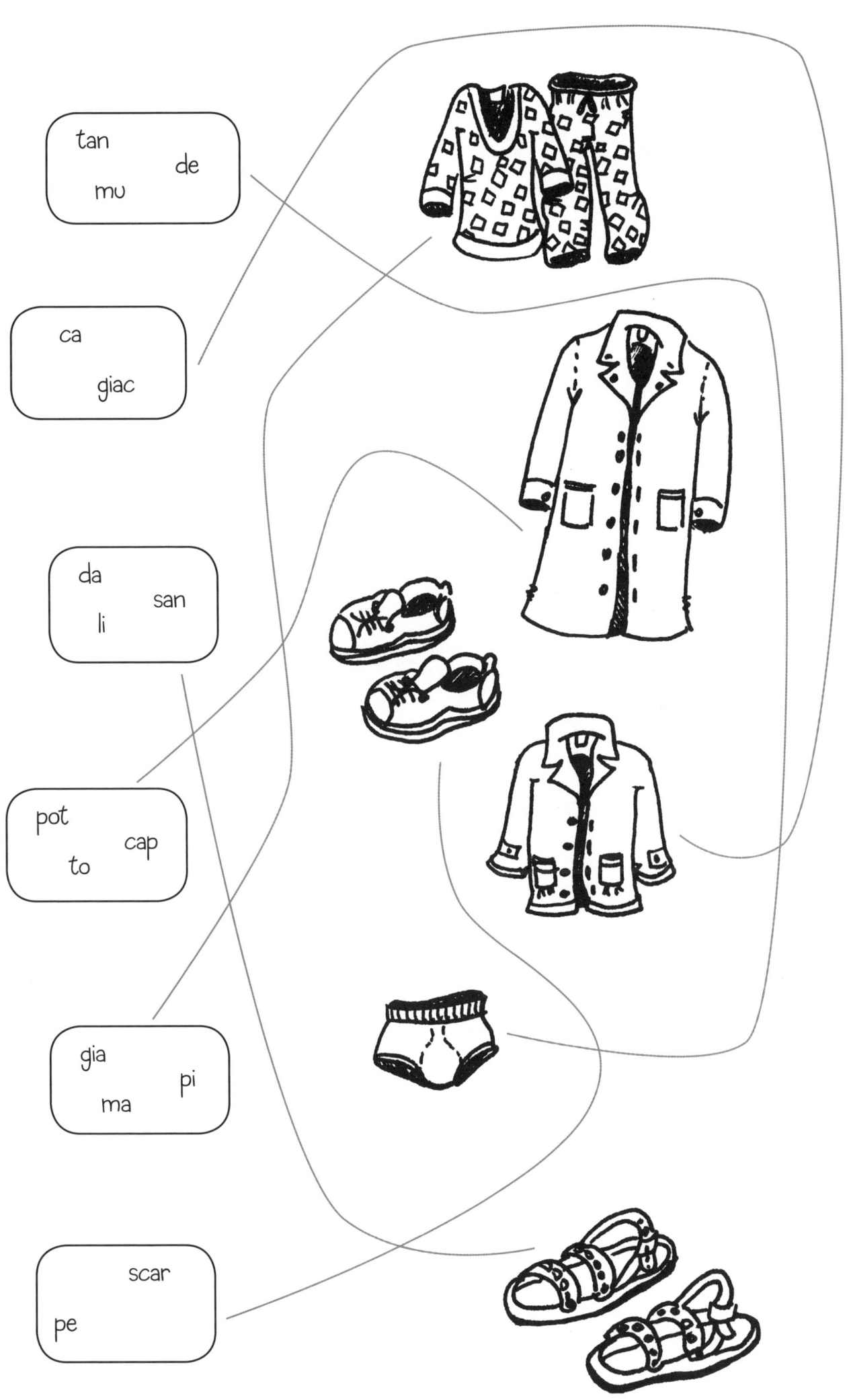

scar
pe

3 Scrivi il nome di questi oggetti al posto giusto.

4 Scrivi le parole al posto giusto.

il	la
______________________	______________________
______________________	______________________
i	**le**
______________________	______________________
______________________	______________________

2

Modulo *due*

Leggi, collega il bambino al disegno e poi colora. **5**

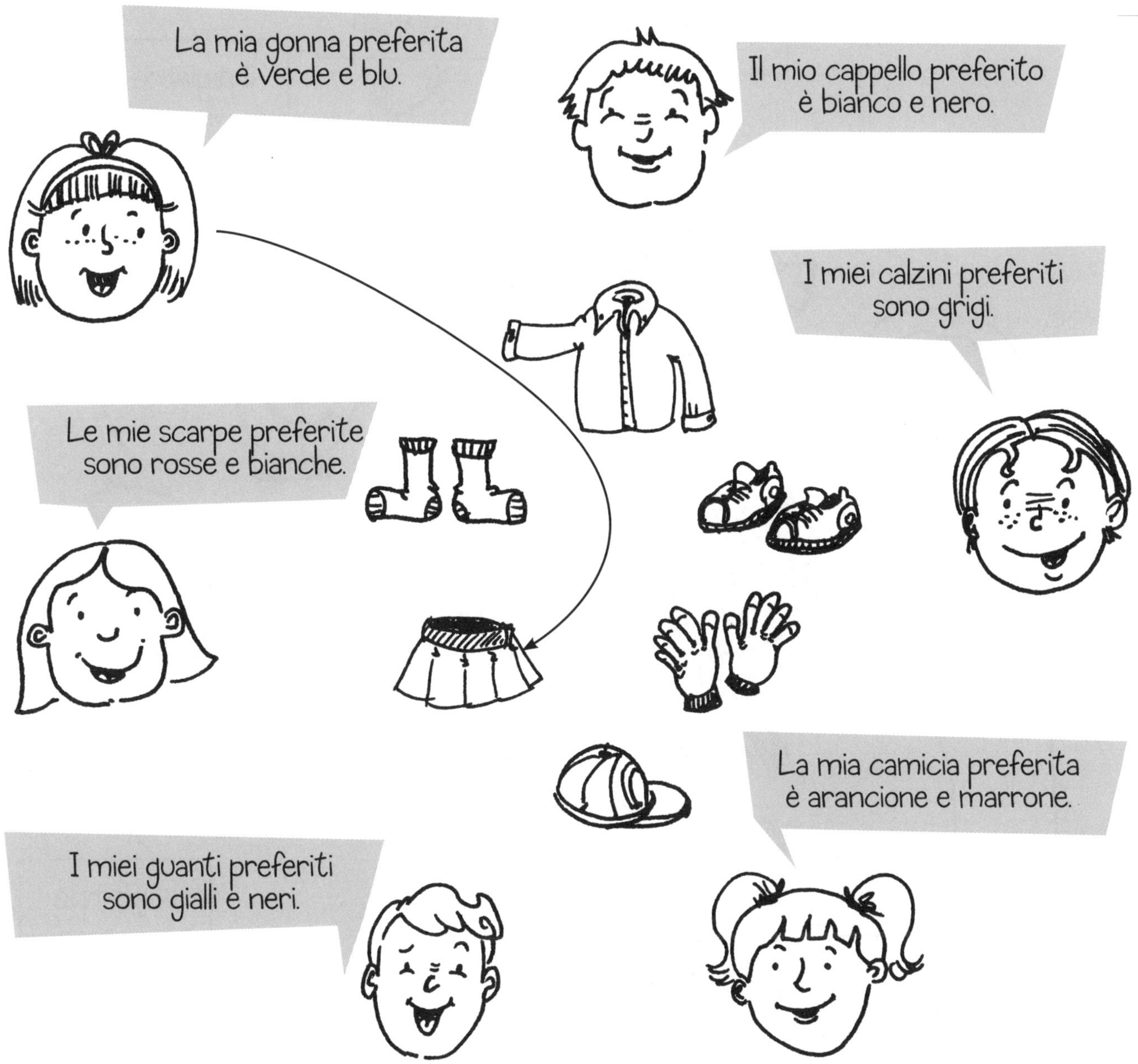

La mia gonna preferita è verde e blu.
Il mio cappello preferito è bianco e nero.
I miei calzini preferiti sono grigi.
Le mie scarpe preferite sono rosse e bianche.
La mia camicia preferita è arancione e marrone.
I miei guanti preferiti sono gialli e neri.

Scrivi le risposte alle domande. **6**

Come è la tua camicia preferita?

____

Come sono i tuoi pantaloni preferiti?

____

Come è la tua maglia preferita?

____

7 **Segui le piste e scrivi che cosa si mette ogni bambino.**

Anna si mette il pigiama.

Leo si mette

Fabio

Maria

Marco

Luca

Sara

Leggi, guarda il disegno e poi scrivi il nome dei bambini. **8**

Elena ha i pantaloni lunghi, la giacca e le scarpe da ginnastica.

Maria ha la gonna lunga, il maglione e gli stivali.

Marco ha la tuta e le scarpe da ginnastica.

Franco ha la giacca a vento, i pantaloni lunghi, il berretto e le scarpe.

Rita ha la gonna corta, una maglietta e i sandali.

Stefano ha i pantaloni corti, i calzini, la maglietta e i sandali.

9 Guarda e completa le frasi.

Questa è la mia gonna .

Quelli sono i tuoi ________________ .

Quest_ è il mio ________________ .

Quell_ è il tuo ________________ .

Quest_ sono i miei ________________ .

Quell_ è la tua ________________ .

Quest_ sono le mie ________________ .

Quell_ sono le tue ________________ .

Leggi, colora la casella giusta e poi disegna. 10

I miei pantaloni sono lunghe / corti

Il tuo cappello è piccolo / grandi

La tua maglietta è sporca / pulito

La mia giacca è nero / rossa

Le mie scarpe sono nuove / vecchi

Le tue pantofole sono gialle / nuovi

3 tre Unità

11 Leggi il dialogo, poi disegna e colora la bambina.

Come ti chiami?	Sara.
Quanti anni hai?	Ho otto anni.
Sei alta o bassa?	Sono alta.
Sei magra o grassa?	Magra.
Di che colore sono i tuoi capelli?	Sono biondi.
Di che colore sono i tuoi occhi?	Sono verdi.
Hai i pantaloni?	No.
Hai la gonna?	Sì.
Di che colore è?	È blu.
Hai la maglia?	No, ho una maglietta.
Di che colore è?	È azzurra.
Hai le scarpe da ginnastica?	No, ho i sandali.

Leggi la storia e rispondi. 12

Anna e Sandro sono due fratelli.

 ha sei anni e  ha cinque anni.

Anna e Sandro sono in  e dormono.

Sono le sette e la  suona.

 si alza perché va a 

, Sandro invece dorme.

Anna non accende la luce. In camera è buio 

Anna si toglie il , poi si mette i  e la 

Poi va in cucina.

Ciao, mamma!

La mamma guarda Anna e ride.

Perché la mamma ride? Che cosa indossa Anna?

____

____

P **Guarda i disegni e scrivi le parole che ricordi.**

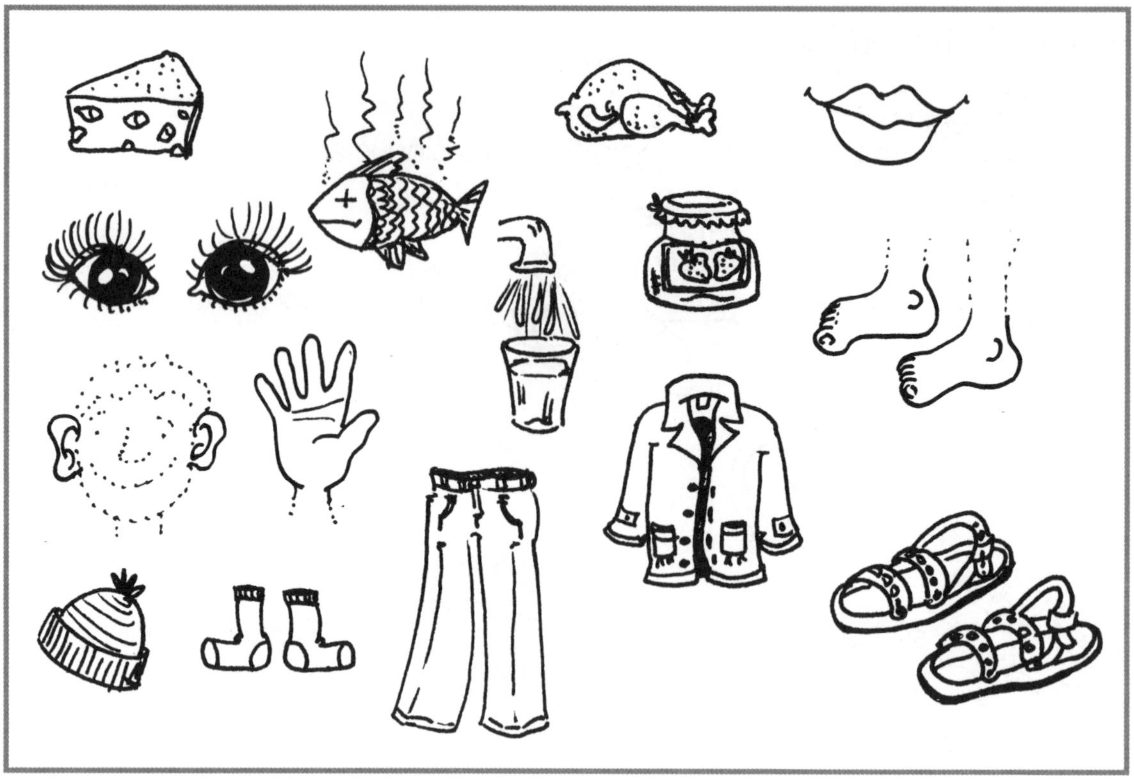

Ricordi altre parole? Scrivile.

Scrivi le frasi che hai imparato. Poi confronta le tue frasi con quelle di un compagno.